MUNDO NA BOCA

TAT

tat_edições

Copyright © 2021
Thiago Alexandre Tonussi (**TAT**)

Primeira publicação no mundo de MUNDO NA BOCA/2021

Publicação de autor
TAT_edições

Todos os direitos © TAT – Thiago Alexandre Tonussi 2021
@tat_poesia #tat_poesia
tat_poesia@gmail.com
www.tatpoesia.wixsite.com/tatpoesia

50% de tudo o que arrecado com os meus trabalhos artísticos, é doado
para a instituição de caridade *The Life You Can Save* do filósofo e mentor
Peter Singer, www.thelifeyoucansave.org

ISBN: 9798586438461

1.   Poesia brasileira

Desenhos de Capa e Gráficos: Sara Lage
www.saralage.co.uk

Desenho para o poema Coração: Daniela Pace Deviaste

Edição:

Cláudio B. Carlos
www.editoracoralina.com.br

Cristina Parga
www.cristinaparga.com

Sonia Carvalho
soniacarvalho950@gmail.com

TAT

SUMÁRIO

SOBRE O VIVER

SOBRE POESIA E POETAS

SOBRE BOCAS E CANTOS

SOBRE O MUNDO E MUNDOS

SOBRE A VIDA

para a Família

*... em grande parte isto é
uma celebração da experiência visual*
John R. Searle

SOBRE O VIVER

De fato
O ato
É fato

Que feito
É feito
Com efeito

E defeit

SOBRE POESIA & POETAS

num próximo
agora todo
mundo será
poeta

quando cada
por todos
descobrir ser
Poesia

Poeta

é essa entre
poesia e poema? Quem é
que com palavras as mais
feias, como a própria palavra
feio, faz poema?

quem é
ela antena?
quem é
ele pescador?

esponja?
catador?

é ela
quem finge dor?
é ele
um fingidor?

são não são quem são
ela e ele nesse entre
o poema futuro e a poesia presente?

CDA e JCMN

Já quis construir poema
como construíram Brasília
mas não sei desenhar vento com pedras fixas
ou em pedras fixas ventania

Já quis descobrir poema
que contivesse algo de ciência
mas já em sua essência continham o que rejeita
expor-se sob a faca sobre a mesa

Trabalhei meditei trabalhei e meditei
sem cessar até fazer a minha própria sensibilidade suar
mas não pude jamais transpirar poema
alimento-paisagem-lar

Confirmo *Não sou poeta de ofício*
sou um estou sempre só no princípio de um início
entre CDA e JCMN sou o primitivo
cuja única arte é o grito, e exclamativo!

MUNDO DE LÍRIOS

delirante é o que enxergo
quando olho e vejo
um elevador trator vaca boi
prato pata motor roubos e robôs

tonto seria não me maravilhando
a todo instante com a magia que há
em haver ministérios eletrodomésticos
brejo eletrodo médicos e as palavras

acima de tudo, lírio bacia ser
poeta não é achar tudo uma maravilha
mas maravilhar-se com tudo:
com cada pulo da pulga com cada pulga que pula

JARDIM FLORINDO

Sentimos quase que irremediavelmente
desde o princípio. Digamos, desde muito
antes de darmos sentido ao que sentimos

Antes de darmos nome de sede à sede
a sede já nos dava a vontade de água
Antes de darmos nome de frio ao frio
o frio já nos dava a carência de calor
Antes de darmos nome de dor à dor
a dor já nos dava a busca de abraço

E dado que o nome já estava dado –
em nome de possuirmos o impossível
e vestirmos o invisível – pouco a pouco
perde-se ao nomear o mistério nato
sob a casca de seu formato, o fruto
do mistério lato

Mas se o que aprendemos a chamar de sede
podemos chamar de água enxuta
E o que aprendemos a chamar de frio
podemos chamar de calor gelado
E o que aprendemos a chamar de dor
podemos chamar de abraço espinhoso
Ainda nomes mas outros

E se como os nossos próprios nomes próprios
nós dermos para cada nova sensação o seu próprio
                                        nome próprio?
Cada sede com as suas próprias margens
cada frio com os seus próprios interiores
cada dor com as suas próprias estações

Poesia talvez esteja para isso, levar-nos
ao princípio onde tudo está por ser dito
E podemos chamar de jardim florindo
o que agora sentimos

SOBRA SOMBRA

*Só vejo o que não vejo
e o que não sei se existe*
Cecília Meireles

Saberei o que me diz tua palavra?
O que haverá nas tuas entrelinhas?
Houve perdida entre ti e a folha?
O que pensavas e com que sonhavas?

Que visão viste que eu já não vejo?
Que odor exalaste que eu já não exalo?
Que som ouviste que eu já não ouço?
Que sentir sentiste que eu já não sinto?

Não sendo tu, ontem; sendo eu, hoje...
Sensações tormentosas são tormentas
de sensações; poetas são poetas, poemas

sobras de sombras sublimáveis, pois
ilegíveis. Inesquecível resta –
parte poeta grande parte poesia –

o poema não escrito, pois jamais lido.

FLORILÉGIO

uma xícara egípcia com café colombiano
uma revista de filosofia sobre livros de poesia

uma estátua de Sócrates trazida da Grécia
mas feita na China, presente de uma irmã

livros como o Bhagavad Gita misturados com a Bíblia
ensinam-me, há vida percorrendo as veias da rotina

há vida nos caminhos dentre ruas vazias de insetos
há vida nos vocábulos estupor verborragia ilha

e onde estarão nossas vidas se não na palavra não
dita, no passo não dado, na semente que ainda irá morrer

para dela nova primavera nascer, e da primavera um Monet
uma Rosina, um florilégio contendo entre muitos versos

dois dizendo *amar é colar em todos os sentidos / sentindo*
que se sente e se é sentido. mas dito tudo o mais bonito

é isto, provavelmente, eu não existo

PROFISSÃO DE FÉ

há sonhos que sonham com o coração
e sonhos que sonham com o estômago

há sonhos que sonham com o céu na cabeça
e outros, sonhos (quase todos) com o outro

há o sonho que sonha acordado
ou acorda com o sonho sonhado

há os sonhos que dizem não sonhar
aos que dizemos *Tão sonhando*

há sonho que sonhe com a conta e o banco
e sonho sonhando ser (quase tudo) preto ou branco

há os sonhos que sonham sem razão
e todo sonho que sonha sonha com razão

mas preferimos crianças, às vezes poetas
sonhos sonhando com a imaginação

Reportando ao bRIn Ca-dOr 4 por 3

I

se lhe perguntarem se sou poeta *Não!*
responde *Ele é mesmo é um brincador*
ser poeta é coisa de gente séria –
teoria, pesquisa, suor, etc –
e ele ainda aqui na infância   brincando
ser imagi/na\dor

II

mas que tipo de poeta você é? insistem! *Ok*
Com-puta-dor: do tipo que caga bate punheta dá
cambalhota e sente dor nas costas, diariamente
a dor ausente   plena e fingida   vivazmente

III

como vemos é muito díficil ser   ainda
por cima eu sou um
-a cagada detrás da outra às vezes   sai
uma bosta   outras   um poema

Bônus:

Dor De Barriga

nunca sou poeta, insisto
em dizer ser só um leitor
trivial e compulsivo

que de tanto ler termina
por escrever ao modo
natural e digestivo

de quem por muito comer
necessidades se tem
que fazer vezes várias
em muitas fezes variada

Astronautas nós somos
                  as
              tro
                  nau
                      tas

                  f   l   tu
                              u   ando

                                                no

universo em

branco   do espaço
não   nomeado   ainda

abramos   os braços   e
              abracemos

                                    o fato   :

                                            todo
                                            objeto
                                            passando
                                            do nosso lado
                                            flu – an
                                                tu – do

ao redor   ,
é um sistema
solar

                                            um
                                            planeta
                                            uma
                        estrela

                                            pó

estelar   .

E a única gravidade que há

i
m
p
e
d
i
n   r
d   a
o-nos   de   v o

é   a   do   não

                                    ima

                               gi

                          nar...

MORRA POETA

Ninguém é pai de um poema sem morrer
Manoel de Barros

Hoje morre um poeta, meu coração
se alegra. O que este coração cheio
de poesia mais deseja é a morte
de uma poeta por dia. Consegue sentir

a alegria? Hoje morre outro poeta,
dir-se-ia, onde morre uma poeta vive
a poesia. Morram mais e mais poetas;
e um dia, morrerá um poeta por dia.

Celebraremos então numa festa
diária, a poesia rejuvenescida
com a morte de cada uma das poetas

que morreram em vida, dia a dia
todos morremos meros leitores e leitoras:

Como poetas? Quiçá.
Com as poetas? Depende.
Como os poetas? Certeza.
Com poesia? Sempre.

*Para **Ferreira Gullar** e tudo que morre.*

DE GOTAS

nem **deus**
ou monstro
nem **diabo**
ou anjo
físico
instante
ideal
mundano **organismo**
químico movimento
solitário **animal**
humano racional
mente
inconsciente
corpo
de **hábitos**
pensamentos são
atos **e**
coração cavado
é **boca**
por
cova
:
fé duvida
da **dúvida**
: Sim
Não **Talvez**
estômago
de
desejos
pele de
informações **ventre**
de ambições
olhar **de**
opiniões **da**
sorte

arbitrária
destinada
ao   azar
palavradoada   **palavradisparada**
das   veias
de   **sentidos**
dos   pulsos
de
instintos
vaidades
da   **carne**
são   fatos
da   **miragem**
não   mais
que
as
gotas
não   **menos**
que   os
mares

TODAS TODOS

Parece que ninguém escolhe
ser poeta
escolhemos a poesia

Todos e **Todas**
que escolhem a poesia
são poetas

Nem **toda** e todo
poeta é escritor/**a**
por exemplo:
há as **marceneiras** e os faxineiros

DEFININDO

definitivamente eu nasci
simplesmente para ser cisco
rabisco finito. algo meio
parecido com isso:

~

traço mínimo e curvo
troço entre abismos sem fundo
tanto no fim como no princípio

definitivamente eu nasci
como se quase apenas fosse
da palavra: ir-re:a-li-da-de

o pingo do i. ou se preferir
em sendo palavra mais real:
u-ni-ver-sos

SOBRE BOCAS & CANTOS

O buraco

não é só mais embaixo –
por onde se metem cobra coelho
minhoca – pois há buraco no alto
sendo ninho, por exemplo, a boca

ou o ouvido. no fundo todo buraco
é uma justa possibilidade
de entrada e saída, de casa ou caída:
abrigo onde a vida é concebida

abismo onde a vida é perdida.
olhando bem enxergamos: viver
é constantemente entrar e sair

de buracos: do pênis à vagina
da barriga ao caixão, Vida não é
senão (pelos) vãos

PRONTO

Quero amar obliquamente roubar lentamente

BeijosGemidosSorrisosOlharesLágrimasPalavras
SuspirosToquesSilênciosPensamentosSentimentos
MomentosMemóriasEsquecimentosSaudades

Sem respiro
Sem espaço
Sem repouso

Sem ,
E muito menos .

CANTO

Cantar? Longamente cantar.
Herberto Helder

Antes da última despedida,
O cantor pássaro trouxera
Madrugada, para mim, música.

Como viver sendo, ouvi,
Vida para além da tal sina:
Saber quem fui, sou e serei.

E é viver cantando o canto
Que se é ao cantar o que se canta,
Cantando o encanto que há
Em cantar todo e qualquer canto.

Nada resta, só a maravilha
Que se canta cantando o canto
Pelos tantos cantos o encanto
Que há no cantar por cantar.

PALAVRA MUDA

escrevo escrevo escrevo escrevo
sem importar-me se rimo
se digo coisa que valha
algo
que fique

ficar é mudar ficando
sendo outra   se vingar
a palavra
dita sem pensar
se era escrita
que servisse

algo
que mudasse o que é
ficando sendo
outra   se vingar
a palavra
que eu nunca disse

Bônus:

Por dizer tanto
Tantos *eu sei* eu disse
Que hoje eu não sei
Onde cabia tanta burrice

EU ELES NÓS

Se eu pudesse eu adotaria

todas as filhas

e filhos

abandonados de polo a polo.

Mas eu sei que eu não posso.

Por isso eu escrevo

se eu pudesse. Pois se eu pudesse

eu escreveria, *eu poderia* adotar

todos os filhos

e filhas

abandonadas de polo a polo.

E nada mudaria.

CORPO

começo a gostar de mim
tocando meu corpo
nos corpos em redor
tocar meu corpo
com o meu próprio
corpo sentir
o meu próximo
corpo me penetrando
por todos
os cantos do corpo
gozando a gosto
todos
os momentos em que me juntei
comigo
beijando-me
sabendo-me
vivendo-me
como se sendo
o único corpo
existindo o meu
corpo eu vivi
de corpo e corpo
sendo
o universo do (meu) corpo o corpo do (nosso) universo

PÁSSARO NO TELHADO

canta o pássaro lá no telhado
ao menos é o que eu entendo
daqui
de
baixo
mas talvez só seja um gemido
angustiado ou talvez nem
seja este canto canto de pássaro e sim
um desses cantos de mutante disfarçado
de pássaro ou é o pássaro o mutante não mudado
recitando o seu amor pela gata e o gato
morando
abaixo
de onde canta a impossibilidade do seu amor realizar-se
a causa do seu físico
estado   pode ser ou não
que seja mesmo o canto canto de alegria
de um pássaro agradecido por ter sobrevivido
a outro dia de perigos que pássaros passam
diariamente em busca de comida
procriar
e se proteger
da sorte que transforma as formas
do ser   Vida que voa
pois não há escape   talvez
tudo não passe de uma ilusão minha imaginada pelo coração
cavoucando com a pá da razão
a boca   é o que pensam Juliana Camila e Zezé   tudo é
fantasia minha mania de pôr na Vida mais vida
do que na Vida há e haverá
sempre
para mim
pássaros cantando no telhado

SEM TÍTULO

Prometo! Prometo! Prometo!
O que é isso, discurso político?
Não! É pregação de pastor.

Jesus! Jesus! Jesus!
E isso, um pastor pregando?
Não! É discurso político.

Meu Deus! Meu Deus! Meu Deus!
Esse só pode ser dos dois, político e pastor?
Não! Esse é o povo se conformando.

Pelo amor de Deus! Pelo amor de Deus! Pelo amor de Deus!
Esse é o povo implorando?
Não! Esse é o ateu enfatiotado se explicando.

Pecado! Pecado! Pecado!
Esse é o padre, tá mais que claro?
Sim! Esse é o padre passando a mão nas criancinhas.

INSISTÊNCIA

Sabendo não poder ser perfeito

em nada

Quis ser imperfeito

em tudo

O deus da imperfeição

mas falhei

CORAÇÃO

Pensando penso umas coisas que nunca
Tinha, como ontem pensando pensei nunca
Terei entre minhas mãos o meu coração
E me pareceu uma das coisas mais lúgubres

Neste momento enfiaria a mão dentro
Do peito segurando o meu coração batendo
Os dedos sobre, o acaricio delicadamente
Trago-o para fora vendo-o em carne viva
Agora pulsando diante dos olhos

Imagino acordar de manhã abrindo o peito
Literalmente me vendo por dentro sigo
Com o coração entre mãos trazendo-o mais e
Mais para junto do rosto beijá-lo com receio
E logo exaltação dou-lhe beijos e mais beijos
E uma lambida e quase, quase uma mordida

Respiro pois fundo, já que já me faltava o ar
Quando *Bella,* que só observava tudo agora
Também quer cheirar *O coração do papai*
E o cheira e sua cheirada me faz cócegas

Um último beijo aperto e o ponho atenciosamente
Novamente no interior do buraco vazio criado
Dentro do peito de algum modo ainda inexplicável

Quando achava que o oposto seria o caso, é que
Subitamente o meu coração me parece menos
Meu depois de tê-lo tido em mãos entre os dedos
Diante dos olhos, já o sinto muito mais vulnerável

É como se o meu coração finalmente existisse
Feito carne viva minha dentro de mim sinto
O quão frágil meu coração é um pedaço
De carne como aquela dos corações de galinha
Comidos em churrascos.

UAI?!
(ou TO BE TUPI)

Tupi or not Tupi
Oswald de Andrade

É acaso o sonho
mais real por ser dream
O céu mais azul
sendo blue

É acaso a esperança
menos cinza se grey
Alguém
mais pessoa se person

Menos pobre se poor. É acaso
o amanhã menos provável
que o tomorrow

A dor mais leve
se pain. Será o ser to be
o único modo de ser tupi?

A PALAVRA _____

possuir a sabedoria da escassez
Milton Santos

exatamente esta é a palavra _____
conhecida está como a palavra _____
nunca mais ela será a palavra _____
borrada do dicionário a palavra _____

não poderá outra vez ser a palavra _____
jamais em poema e prosa a palavra _____
tampouco sussurrada a palavra _____
nem pra conta ou identidade a palavra _____

sem volta foi queimada a palavra _____
por ninguém imaginada a palavra _____
na história sequer existiu a palavra _____

para todo o sempre já era a palavra_____
ainda que de brincadeira a palavra _____
nada muito menos sendo a palavra _____

CALADO MISTÉRIO

o silêncio quando
desconhecido todo mínimo
ruído é precipício
vazio se expandindo

o silêncio onde
tensionada toda máxima
é fundamente superficial
mente obtusa

o silêncio quanto
infinita toda latitude
é estreitamente estrita
ocasional fugacidade

mas quando o silêncio precisa
onde todo silenciar-se é pouco
quanto menos mais escutá-lo

sussurrando o que nunca se ouviu
pois
quem saberá se o silêncio alguma vez existiu?

SÍNTESE DA ANTÍTESE

O eterno Eu nunca destrói nem é destruído.
Yama, em *Os Upanishads*

sempre grande a antítese
vida morre
jogando com a sorte do ser

que com ser só quer
no presente presente estar presente ser

ser que vive o morrer
perpetuamente sendo
a transitoriedade do instante – em atos

sentimentos pensamentos
que num agora realizam-se de forma breve
instantânea leve e indiferentemente –

é como se caísse neve no calor do tempo
tempo, outro segredo
parido do sofrimento – cega-dor –

que não nos deixa ver viver e morrer
como sendo diferentes atos de um mesmo acontecimento:

Vida. a mesma sendo
a suavidade da pétala é a rigidez do espinho
Vida acontecendo na síntese: vou

SOL DE SAL

sinto Saudade
da Saudade que sentia
na linha acima
da de cima

sinto saudade da palavra
não escrita _ _ _ _ _ linha
dos olhos que olham esta saudade
e a veem forma sobre folha

saudade sinto

do rabisco feito ao fim da linha que saltei
não por pena mas por querer
soltar a pena em outra linha

saudade agora do meu agora
não me mata, morre enterrando-se em mim
saudade maldita saudade de todas as eras
vivas vividas e sem vida

saudade
se ao menos se chamasse vontade
não teria toda essa *profundaidade*

SOBRE O MUNDO & MUNDOS

MUNDO NA BOCA

Não gosto de palavra acostumada.
Manuel de Barros

...tudo cabe numa palavra...
Arnaldo Antunes

O mundo é demasiado. Não cabe em folha
de árvore mesmo se acompanhada de outras
de papel reciclado ou não. Diga-me então
pode o mundo caber numa única palavra?

O mundo cabendo na palavra, não é isso
mágica? Uma só palavra contendo tudo:
coco e cocô, bichoca e paçoca, oca e choca
Cinderela e primavera, tico-tico e no fubá
Macunaíma e molhar-se de chuva, rabanete e
lua, Chico Buarque e sepultura, computador e
cor, puta e sorvete, família e China, Bhagavad
Gita e piscina, sol e Ilíada, sul e nação.

De tudo cabe na palavra mundo. Submarino
e abismo, este e aquela, buraco branco e camada
de elétrons. Tudo numa só palavra, não é isso
lindo? Lindo é isso, de mundo caber na boca
de todo mundo.

SENTIDO & DESTINO

... mais vale o inútil do fazer.
JCMN

risco o risco
como quem uma estrada
que nunca é caminho
não sendo caminhada

mantive-o escondido
o risco, guardado
alongava-se, expelido
encurtara-se

mantendo porém
sentido e destino:
ser passado sempre
que presente

mantendo porém
sentido e destino:
estar presente sempre
que passado

MAÇÃFICAR

A semente
que hoje plantamos
é de casa. Faz parte da família.
Terá o carinho de todos, todos os dias
e crescerá cheia de vida. A macieira crescendo
contemplo da varanda, vento ouvindo, sinto
que ela sempre esteve comigo. Amiga, silencia
o que lhe digo. Esta maçã que hoje admiro,
é vitamina para os sentidos. Tão bonita
quanto uma filha. Não é ouro, mas
tesouro. A maçã que agora colho,
é mais que somente   fruto;
prolongamento do
sendo: Nossa
própria ação
maçãficada.
Esta maçã
que divido,
comendo-a,
é com cada mordida razão de viver.
E sabe ao consagrado destino: alimentar não só corpo,
mas espírito

STAR TREK

(falta uma citação do Star Trek Discoveries
segunda temporada episódio quatorze
minuto onze entre os segundos
quarenta e sete e cinquenta e três
mais ou menos)

a vida crescendo dentro da barriga
     crescendo dentro do corpo
        crescendo dentro da casa
        crescendo dentro da rua
        crescendo dentro do bairro
        crescendo dentro da cidade
        crescendo dentro do estado
        crescendo dentro do país
        crescendo dentro do planeta
     que já não cresce dentro
do universo crescendo dentro da Vida

caindo vou caindo cômodo como cai suavemente a ga
roa a pena a luva minha vida caindo caindo vai brus
camente como um pedaço de chão carro pássaro
caindo sem asas imagina minha vida caída co
mo todo corpo caído torto caída como um
copo caído ao chão como uma arma caí
da das mãos minha vida caindo co
mo cai até aqui o poema que se
faz enquanto cai linha a li
nha minha vida cain
do verso a verso
dia após dia
caíamos
poesia
vida
eu
e
.
.
.

OLIMPIA DAS DORES

Vem ser vencedor vem ser dor vencer
Vencedor vencer vem ser vem ser dor
Vencer vencedor vem ser dor vem ser
Vem ser dor vem ser vencer vencedor
Vencedor vencer vem ser vem ser dor
Vencer vencedor vem ser dor vem ser
Vem ser dor vem ser vencer vencedor
Vem ser vencedor vem ser dor vencer
Vencedor vem ser vem ser dor vencer
Vencer vencedor vem ser vem ser dor
Vem ser vem ser dor vencer vencedor
Vencer vencedor vem ser dor vem ser sendo

CARNE BRASILEIRA

sangue san gue san g ue sa n g ue sa n g u e s a n g u e
de veias abertas sem mãos
que o acolham   colore o corpo
negro   branco   nativo
finalmente em repouso   o-s-s-o
transparecendo e roto   o-u-s-o
é alvo de fotos e nenhum soluço   t-o-d-o
corpo só forma   ele ela
ensombrada sobre o asfalto
quente que nte que n te qu e n te q u e n te q u e n t e
===========velozmente limpado
por carros e mais carros e outros carros e caminhões
que passam apagando qualquer passado
manchado   jorrado   daquele traço
inexistente enquanto sendo
traçado   quadro
inacabado ao fim do retrato não identificado   não
há rosto para a boca sem dentes
desse que já foi criança
para muitos, pivete;
e hoje já não é   lembrança
para muitos, bem feito.

brasis

A torcida reunidA
A polícia reunidA
Caminha para o estádiO
Organizada como soldadoS
Trazem bandeiras e cornetaS
Trazem escudos e algemaS
Vão gritando, fazendo alvoroçO
Vão armados, até o pescoçO
Estádio lotado, de amarelo e brancoS
Manifestantes surgem, de todos os cantoS
O hino toca, todos se emocionaM
Pedindo saúde, educação e justiçA
Os dois times já estão alinhadoS
Polícia e manifestantes de cada ladO
O juiz apita, começa a partidA
Quem atirará primeiro, manifestante ou políciA
Chance de gol, a torcida delirA
Começa a gritaria, e a correriA
O juiz apita falta, é perigosíssimA
Preparam-se as bombas, perigosíssimaS
Bola na barreira, um jogador desabA
Bomba atirada, um alguém desabA
O jogo pega fogo, discussões e faltaS
Em toda parte há fogo, cacetetes e pedradaS
Chance de gol, a torcida vibra animadA
Uma arma, agora a briga é generalizadA
É gol! É gol! É gol! É goL
Atirou! Atirou! Atirou! AtiroU
O juiz apita, fim de jogO
Fim do confronto, cai outrO
O Brasil ganhoU
Brasileiro mortO

ALGUÉM MORREU

Alguém morreu e não fui eu
Inteiramente tangível: não nasceu, não foi, nada é

Alguém morreu e não fui eu
Baixou, Subiu, e Morreu

Alguém morreu e não fui eu
Era necessário pôr-lhe a cabeça um palmo longe do corpo

Alguém morreu e não fui eu
Pobre e miserável morrendo à sede

Alguém morreu e não fui eu
Na flor dos anos, e já tinha vencido o mundo inteiro

Alguém morreu e não fui eu
Com a morte que Deus manda

Alguém morreu e não fui eu
Mulher, ou homem, choram muito e depois assam-no e
[comem

Alguém morreu e não fui eu
Só em matar de amores se entretinha

Alguém morreu e não fui eu
Como a ovelha no altar, como a criança no ventre da mulher

Alguém morreu e não fui eu
Em terra estranha... Nas roscas da escravidão...

Alguém morreu e não fui eu
Lambendo a mão, que inanimada já não podia lhe pagar
[o afeto

Alguém morreu e não fui eu
Bem triste dos anos nos verdores, no brotar das flores

Alguém morreu e não fui eu
Do desejo carnal que enerva e mata

Alguém morreu e não fui eu
Melhor lhe fora jamais haver nascido

Alguém morreu e não fui eu
Menos do vírus, do que de uma ideia grandiosa e útil

Alguém morreu e não fui eu
De cansaço e de fome, sem ter quem, murmurando em
[lágrimas

Alguém morreu e não fui eu
Nalguma luta feroz, para todo o sempre ignorada

Alguém morreu e não fui eu
Forasteiros, ao atingirem o âmago daquele sertão...

Alguém morreu e não fui eu
Há dias e intactos, que os próprios urubus rejeitam

Alguém morreu e não fui eu
Ferido, se ainda vivendo é só para saber que vai morrendo

Alguém morreu e não fui eu
Assim vivendo para o rio, suicidando-se todo o tempo

Alguém morreu e não fui eu
Sem desistir, fevereiro não desiste: vai morrer, não quer
[morrer

Alguém morreu e não foi você
Sim, ainda não é você

ESPERANÇA

Oh! Como a esperança alegra tudo.
Machado de Assis

era uma vez outra vez
bombas soltadas sobre homenzinhos de pedra
entre as casas destruídas
pela última das últimas guerras. voava
aviões ziguezagueando
as mãos pelo ar cheio de pó e ventos
sempre, imitando sons a meia voz, de repente
Zummm!
Zummm!
Zummm!
Booomm!
Booomm!
Booomm! caía mais uma
bomba de mentirinha
sob o grito de sua boca aberta entre as ruínas
do que foi sua vila. mas eis o herói
surgindo do nada imaginava e sem fala
declamava, *Você agora me paga, seu monstro!*
Poooww!
Poooww!
Poooww!!! e uma de suas mãos caindo devagarinho
explodia-se ao chão, enquanto a outra ganhava a imensidão
do céu, de onde o herói assistia a explosão:
Blast!
Blast!
Blast!!! repetindo-se pelo ar... bem na hora
em que é chamada, *Ei, Menina,*
deixa essas pedras
e vai lá buscar água

A

A vida

A vida é

A vida é triste

A vida é triste pela

A vida é triste pela beleza

A vida é triste pela beleza que

A vida é triste pela beleza que nela

A vida é triste pela beleza que nela há

A vida é triste pela beleza que nela há muito

A vida é triste pela beleza que nela há muito a

A vida é triste pela beleza que nela há muito a morte

A vida é triste pela beleza que nela há muito a *sorte* revivifica

A vida é triste pela beleza que nela há muito a morte

A vida é triste pela beleza que nela há muito a

A vida é triste pela beleza que nela há muito

A vida é triste pela beleza que nela há

A vida é triste pela beleza que nela

A vida é triste pela beleza que

A vida é triste pela beleza

A vida é triste pela

A vida é triste

A vida é

A vida

A

AFINAL, VIVEMOS NUMA DEMOCRACIA

eu ia andando por andar eu ia por aí andando
carros variados e gente variada passando ia por aí
andando eu ia como quem não quer nada com nada
eu ia como quem não quer nada com nada por aí andando

e olhando por aí o menino descalço esperando eu ia
por aí descalço o menino esperando no semáforo fechado eu ia
parado olhando o semáforo fechado o menino esperando descalço

vidros escuros fechados de carros importados escondendo iam por aí
iam escondendo quem dentro ia os vidros escuros fechados
dos carros importados por aí quem ia fechado dentro se escondendo

por aí eu andando ia olhando como quem não quer nada com nada
o menino olhando vidrado o vidro escuro fechado do carro importado
por aí o menino vidrado chamando o vidro fechado ia escondendo

quem por aí ia dentro do carro importado continua o semáforo fechado
o vidro do carro importado continua o menino chamando vidrado ia
por aí o menino continua o carro importado fechado o vidro escuro

o menino ia por aí saindo de lado muleta debaixo do braço olhando
vidrado o vidro escuro fechado do carro importado ia ainda por aí
ainda de vidro escuro aberto o sinal o carro importado fechado por aí
ia acelerando quem dentro ia o menino olhando vidrado o carro indo

por aí eu andando ia olhando como quem não quer nada com nada
afinal, vivemos numa democracia.

RESISTÊNCIA

Pouco a pouco o cenário vai sendo montado
Pega-se a caixa de cima do armário
Da caixa tira-se o presépio com os reis magos
Jumentos e vacas, ovelhas e baratas
Mas resisto.

Pouco a pouco começam a surgir os sorrisos
Hibernados por toda parte em todo lado
Trabalho, farmácia, mercado, praça, escola
Tá na cara do banqueiro, no rosto de todos
Mas resisto.

Pouco a pouco luzes são acendidos os pisca-
Piscas brilham em janelas trancadas e árvores
De matéria plástica Made in por crianças
Que não sendo duendes estão certamente doentes
Mas resisto.

Pouco a pouco chegam os cartões purpurinos
Com belas mensagens de paz, saúde e amizade
Que iguais à anual publicidade propagando
Mera miragem = Vera imagem, desfazem-se
Mas resisto.

Pouco a pouco há caridade pela cidade
Inteira há alguém ajudando alguém
A tirar uma selfie. O parecer parece
É aparecer tendo bens para poder ser
Mas resisto.

Feito um viciado ao seu vício, resisto
A escrever um poema natalino.

ÁLCOOL, AMOR, CIGARRO

nada é de graça.
tudo foi sacado de um ventre
de vaca, da estrela, da terra, de gente.

filhos e filhas mortos pelas máquinas
em dias de cansaço, desengano e cobiça;
tudo bem mal documentado pela mídia.

e estando certo eu sempre me soube errado.
escrevendo como quem dá sermão.
eu que sou só mais um indignado de plantão.

indignado, mas muito bem alimentado
de tudo que mato e de mato;
achando que o sistema é o culpado.

e chega o feriado, o aniversário, a páscoa,
o carnaval, o domingo, e me consolo
na caixa do confessionário. na química
do álcool, do amor, do cigarro.

SEGUNDOS

e não matarás

A cada segundo alguém morre de sepse no mundo
e mata-se um boi um porco e 185 frangos
que muito provavelmente nunca viram o sol.
A cada trinta segundos morre alguém
de malária ouvi dizer que a cada dois alguém morre
de falta de sangue ou prazer. De fome se morre sempre
sempre que se come rodízio ou se põe comida no lixo
isto é, a cada três segundos morre uma criança
de fome, e toda a humanidade se suicida
a cada três segundos. Aqui
é quando a angústia e toda a demência tomam conta. A cada
quatro segundos um novo refugiado surge no mundo
tanto da loucura quanto dos loucos. Mas que importa
todo esse blablablá se já nos quintos
do inferno já se vendeu mais de 35 mil produtos da coca-cola
pelo mundo? Sim! esta é uma pergunta
sem resposta o fato de que a cada cinco segundos
uma criança morra de causas evitáveis como a falta
de amor. Também
a cada cinco segundos duzentas e cinco
mil novas publicações são feitas entre elas alguns poemas
só no Facebook. E como não
só criança morre mas trabalhador também morre trabalhando
morre um trabalhador a cada 15
segundos num acidente incidental tal qual
falta de tesão
má alimentação
desilusão e não
por acaso se for o caso
de sobrevivermos aos seis segundos então morremos muito
provavelmente morreremos de
quaisquer das inúmeras doenças relacionadas ao consumo

ilimitado: diabetes ou AVC. Sem se esquecer
do câncer a cada sete segundos uma menina menor de 15
é forçada a se casar e se casando a abrir os braços
e pernas
sem reclamar e agora são oito
os segundos necessários para matar um ser vivo saudável e rico
em verdura frutífera música líquida e do tamanho de um campo
de futebol. Consigo morre
quando este ser morre morre
mais vida do que jamais na vida a humanidade verá
ou criará
infelizmente. Felizmente
descobrimos que segundo os números
somente quando alcançamos o nono
minuto e não segundo
alguém morre assassinado com um tiro
na cabeça e outros cento e um tiros no resto do corpo
arrastado por carros 4 por 4
cheios de adesivos verdes e amarelos
dizendo *Mito!*
Nele eu confio! através dos centros comerciais de importados
depois de estuprada
ou estuprado
em plena luz do dia em praça pública
com transmissão ao vivo
para todos os usuários
de clubes e mercados
de shoppings e choperias
de farmácias e padarias
de escolas e academias
do nosso país abençoado país. Aqui
quando os dez segundos são alcançados
a esperança já morrera
há muito
morremos. Mas depois de tudo

a única pergunta que me resta é quem come
todos os frangos mortos enquanto este poema nasce

para quem o lê
pela primeira vez pela última vez?

SOBRE A VIDA

viver é fazer amor
comigo

que sou apenas Vida

fazendo amor
consigo

Fim do **Mundo Na Boca**

TAT

NOTAS

SOBRA SOMBRA: Aprendi, entre outros e outras, com o grande escritor paraguaio Augusto Roa Bastos, a importância da leitura como escrita e da escrita como leitura. Devo a ele a inspiração para o último verso deste poema.

Reportando ao bRIn Ca-dOr 4 por 3: *Ok Computer*, do Radiohead, lançado em 1997. Minha pequena homenagem para uma das bandas e um dos discos que influenciaram a minha existência. Parte dos poemas neste livro foram escritos escutando esse disco e outros deles; além de Sigur Rós e muita música clássica, principalmente, barroca.

MUNDO NA BOCA: "O mundo não existe, mas unicórnios sim" escreve Markus Gabriel, filósofo alemão do Novo Realismo ou Naive Realismo. Markus argumenta que a ideia conceptual e totalizante de mundo, não é possível ou realística. Mundo, não se trata de algo material de existência física como a Lua ou o Sol. Mundo, como uma ideia conceptual que engloba tudo que existe, não se trata de uma ideia equivocada, e sim, incompleta. Mundo é onde tudo existe; mas então, onde o Mundo existe, se tudo existe no Mundo? O título do seu livro é *Por que o Mundo Não Existe?* Mas existir, onde unicórnios existem, ainda é existir. Dessa vez, e maneira, o Mundo ainda existe, como ideia.

ALGUÉM MORREU: Exceto pelo último verso, todos os demais versos falando sobre a morte foram retirados de poemas de outros poetas brasileiros.

CORAÇÃO: Pintura feita para o poema e cedida gentilmente pela poeta e artista Daniela Pace Devisate.

AGRADECIMENTOS

Um livro escrito durante vinte anos, não acontece sem o apoio de muita gente. Da família, que sempre está presente. Das amigas e amigos das redes sociais, que com suas curtidas, e principalmente comentários, nos incentivam a escrever e seguir publicando. E das muitas escritoras e escritores que nos inspiram com os seus escritos; pois entendo que este livro, é mais o resultado da leitura do que da escrita.

Um agradecimento especial aos amigos e amigas que contribuíram diretamente ou pacientemente leram e opinaram sobre o processo de construção e revelação destes versos. Os acertos são todos seus, os erros todos meus. Maike Brinker, Rosane Carneiro, Daniela P. Devisate, Sara Lage, Cláudio B Carlos, Zenni Branco, Sonia Carvalho, Cristina Parga.

Este livro é dedicado a Juliana e Bella, amigas amadas, companheiras amantes e namoradas amores! Sem as quais, não só este livro não seria possível, como tampouco a fantástica vida que vivemos juntos.

PRÓXIMO LIVRO

ESTE ISSO, AQUELA AQUILO, é o título provisório da nossa próxima coleção de poemas; nela, o sujeito principal será o advérbio. Até a próxima!

"Deus ama os advérbios"
Puritanos

Lugar e tempo e quem sabe
Talvez, antes e depois, o dia;
Provavelmente enquanto
For todavia possível, anoitecer.

Depois da noite, o tempo e lugar
E um talvez, amanhã, quem sabe
Uma nova manhã, é possível
Enquanto for ainda provável

Tempo e lugar e um talvez
É, quem sabe, amanhã;
Enquanto ainda for noite
Será todavia possível, amanhecer.

SOBRE O AUTOR

TAT?

"Tat tvam asi"

Isso, TAT, é um isso. Melhor ainda, é um aquilo. Queremos dizer, é um advérbio. Este é o significado da citação tirada do *Bhagavad Gita*, "Tat tvam asi", ou seja, "Eu sou isso".

TAT, ou, ISSO, dentro dos ensinamentos de Krishna, significa o TODO. Este TODO mais além do nominável. Aquilo que nos é sem que o sejamos. Aquilo que Schopenhauer, fortemente influenciado pela tradição clássica da espiritualidade indiana, chamaria de 'vontade', no seu livro *O Mundo como Vontade e Representação*.

Foi principalmente por meio da leitura destas duas obras que cheguei até esta representação do todo pela palavra TAT. Que de forma casual, coincidiu de ser a representação acrônima do nome Thiago Alexandre Tonussi, que acontece de ser o nome que tenho: TAT = Thiago Alexandre Tonussi.

Mas isso é só o começo do que TAT é ou pode ser. Por exemplo, usando sua ferramenta de pesquisa preferida, você descobrirá que TAT é uma palavra existente na língua inglesa; e pode ter vários significados, tanto como verbo ou substantivo. Como substantivo, de acordo com vários dicionários, entre eles o Cambridge, TAT pode significar algo de pouca qualidade ou em mau estado. Os mesmos dicionários, também classificam TAT como uma gíria, usada mais nos EUA, para tatuagem.

Já o dicionário Merriam-Webster, diz que TAT é uma pequena proteína produzida por certos vírus. Como verbo, segundo o Google, TAT pode significar um tipo de costura decorativa. Curiosamente, TAT, parece que também possui sua representação entre os emoticons, significando uma lágrima "A" caindo entre os olhos "TT".

E, além da relação acrônima do termo TAT com o nome Thiago Alexandre Tonussi, parece haver outros mais de 200 significados para o acrônimo TAT. O mais interessante deles, na minha opinião, é TAT como representação acrônima de um teste psicológico, muito usado antigamente, no estudo das motivações, e conhecido por Teste de Apercepção Temática.

Dito isto, este TAT nasceu em Uberlândia-MG, cresceu em Piracicaba-SP e vive em Londres-Inglaterra. Estudou Línguas Modernas (Português & Espanhol) e mestrado em Literatura Comparativa, ambos pela universidade Birkbeck College de Londres. Tradutor e Professor, é criador e organizador, junto dxs poetas Nuno Rau e Amanda Vital, do projeto de tradução To Be Tupi na revista *Mallarmargens*. *Mundo Na Boca* é a sua primeira coleção de poemas pensada como livro. Vive com Juliana C. Mazzero Tonussi e Bella, suas melhores amigas, grandes amantes e únicas namoradas.

Obrigado e
Vivam uma existência fantástica!

TAT
@tat_poesia
#tat_poesia
tat_poesia@gmail.com
www.tatpoesia.wixsite.com/tatpoesia

...

50% de tudo o que arrecado com os meus trabalhos artísticos, é doado para a instituição de caridade *The Life You Can Save* do filósofo e mentor Peter Singer www.thelifeyoucansave.org

Mundo Na Boca
TAT

...